繕う愉しみ

ミスミノリコ

主婦と生活社

はじめに

初の著者本『繕う暮らし』の発売から1年とちょっと。
こんなに早く、みなさまにまたお目にかかれるのはとても嬉しいです。
本の発売以来、たくさんの反響をいただき、ありがたいことに
日本のみならず、海の向こうでもお繕いのワークショップを
数多く開催することができました。
「穴があいてもシミがついても捨てられないものがある」というのは万国共通。
たくさんの思い出を一緒にお繕いする良い時間を過ごすことができました。

今回の『繕う愉しみ』では、ワークショップでの体験を踏まえつつ、
日々のお繕いのなかで改良した手法をご紹介していきます。

すべてをマスターしなくても、いくつかの手法を習得すれば
その手法の組み合わせと色使いで無限の表現ができると思います。
実際、ワークショップで同じ材料を使っても
完成したお繕いは人それぞれ。まさに十人十色です。

「また着られるようになって嬉しい！」
その笑顔は達成感と喜びにあふれています。

そうなれば、虫食い穴も食べこぼしのシミも、もう怖くないはず。

むしろ、「ラッキー！」とすら思ってしまうかもしれません。

そんな発想の転換も、繕う愉しみのひとつでしょう。

これからますます針と糸の出番が増えそうです。

ミスミノリコ

CONTENTS

2 はじめに

06 PART1
お繕い相談室

16 PART2
お繕いを愉しむ

20 PART3
基本の繕い方
・ダーニング（丸）
・ダーニング（四角）
・ダーニング（横長）
・ニードルパンチ

26 PART4
目立たないお繕いと「しるし」になるお繕い
目立たないお繕い……28
「しるし」になるお繕い……36

58 PART5
パッチワークとフックドラグのお繕い
パッチワーク＋刺しゅう……58
パッチワーク……60
フックドラグ……62

64 PART6
靴下と手袋をお繕い

73 繕い方

04

PART 1 お繕い相談室

近頃、繕い方の相談を受ける機会が増えたので
ワークショップ形式のお繕い相談室を開いて
みなさんの思い出の服や小物を
よみがえらせるお手伝いをさせてもらいました。
みんなでかわいい材料をシェアしたり
手を動かしながらおしゃべりしたりするうちに
私もたくさんのアイデアをもらいました。

お繕い相談室 その1

相談者　鈴木寿美枝さん

出産を機に手芸が好きになり、主に刺しゅうを使ったアイテムを製作・販売している二児のママ。子どもの洋服や小物を中心に、オーダーでの製作も行っている。
https://suzukisumie.wordpress.com/

ウールのストールに数カ所あいた虫食いを、グレーの羊毛で目立たないようにニードルパンチしました。ミスミさんから「奇数のほうがバランスがいい」とのアドバイスをもらい、すみっこだけ色を使って穴のあいていない部分にもニードルパンチを足しました。カーディガンのほつれと汚れは、刺しゅうでカバー。「あえて目立つ色の糸がおすすめ」とのことだったので、思いきって刺してみたら、気になっていた油汚れが気にならなくなりました。

襟ぐりのほつれを放っておいたらますます広がりそうな状態に。

あちこちに虫食い穴が。巻いたときに端の部分の穴が目立つ。

ニードルパンチで簡単に隠せますよ

裾についた自転車の油汚れ。洗濯しても落ちないのが悩み。

刺しゅうをあえて見立たせましょう

HOW TO MAKE

1 太い木綿糸を針に通し、ほつれた部分にヘリンボーンステッチをする。

縫い方
ヘリンボーンステッチ ▶ P80

1 刺しゅう糸を2本どりで針に通し、汚れの上にクロスステッチ、ストレートステッチ、3回巻きのフレンチノットステッチをする。

2 飾りで8回巻きのフレンチノットステッチをする。

縫い方
クロスステッチ ▶ P79
ストレートステッチ ▶ P77
フレンチノットステッチ ▶ P77

1 穴の上に薄くちぎった羊毛をのせる。
2 ニードルで丸く刺す。
3 はみ出した羊毛を中央に集めてさらに刺す。
4 2～3を3～4回くり返す。

縫い方
ニードルパンチ ▶ P24

ウールのストールの穴あきには、ニードルパンチが好相性。グレーベースは羊毛の色で遊べるので、かわいく仕上がったと思います。

襟ぐりにピンクのステッチを入れ、右裾にはいろいろなステッチを混ぜました。ライブ感のある楽しいお繕いになりました。

お繕い相談室 その2

相談者　株式会社 鳥さん

野鳥に興味を持つ人が増えてほしいという思いから、2010年に株式会社 鳥を設立。東京と愛知を拠点に、観察と工作を組み合わせたワークショップや商品企画を行っている。https://tori.co.jp

虫食い穴ができてしまった、父からもらったスズメ色のカーディガン。ミスミさんから「穴が小さいのでニードルパンチがいい」とのアドバイスが。刺していくうちに景色に見えてきたので、月、雲、木の形にしてみました。祖父の形見のニットは、脇の下の部分が薄くなり、下に白い服を着ると目立つようになっていたので、ミスミさんに教わりながら、初めてのダーニング。わざと腕を上げて見せたくなるほどかわいく仕上がりました（笑）。

脇の下の部分が薄くなって、下に着る服が透けてしまうように。

肩と背中の部分に数カ所の虫食い穴を見つけてがっかり……。

ニードルパンチで
かわいく
なりますよ

ダーニングで
肉づけするといい
ですね

HOW TO MAKE

1 穴の上に薄くちぎった羊毛をのせる。
2 ニードルで刺す。
3 はみ出した羊毛を中央に集めてさらに刺す。
4 2〜3を3〜4回くり返す。
5 刺しゅう糸を2本どりで針に通し、まわりにバックステッチをする。

縫い方
ニードルパンチ ▶ P24
バックステッチ ▶ P74

1 毛糸でダーニングをする。最初に穴のまわりに四角くランニングステッチをする。
2 たて糸を渡す。
3 糸の色をかえ、よこ糸を通す。
4 糸端を裏で始末する。

縫い方
ダーニング（四角） ▶ P22

10

ニードルパンチで絵本の一場面のようなお直しに。やはり男性はロマンチストなのでしょうか。私にはとても思いつかない発想です。

ダーニングマッシュルームを使うのが初めてとは思えない仕上がり！ 胸もとのペンギンも自分で刺しゅうされたのだそうです。

お繕い相談室　その3

相談者　木内アキさん

北海道出身、東京在住。"きちんと、自由に"をテーマに、雑誌や書籍等で人や暮らしにまつわる文章を執筆。夫とともに少数民族の手仕事を扱う『ノマディックラフト』を運営。
http://nomadicraft.com

いつもポケットに財布を入れていたためにできてしまった大きな穴。持参した松阪木綿を裏から当て、途中で糸の色をかえながらダーニングしていきました。穴が大きい場合は、丸い石をマッシュルーム代わりに使ってもよいそうです。カットソーは、ほつれた部分をすべて繕うつもりでしたが、もともとのダメージ加工を生かして繕う方法を教えてもらいました。部分的に繕うことで、ただの補修にならず、あえて感が出せたと思います。

HOW TO MAKE

1. 穴の裏に当て布をする。
2. 綿の手編み糸で、当て布もいっしょに穴のまわりを丸くランニングステッチする。
3. たて糸を渡す。
4. 途中で毛糸の色をかえながらよこ糸を通す。
5. 糸端を裏で始末する。

縫い方　ダーニング（丸）　▶ P20-21

いつもポケットに財布を入れていたためにできてしまった穴。

ダーニングすれば補強にもなりますよ

1. 刺しゅう糸を2本どりで針に通し、ほつれた部分を巻きかがりにする。

縫い方　巻きかがり　▶ P76

ダメージ加工してあった部分がどんどん広がって穴のように。

巻きかがりで広がるのを食い止めましょう

12

大きな穴だったので、当て布をしてダーニングする方法をおすすめ。大きな丸は難しいのですが、とてもきれいに仕上がりました。

シンプルなベージュのカットソーは、色で遊べるのが魅力。すべて直さなくてもポイントでお直しするだけで十分かわいく見えます。

お繕い相談室 その4

相談者　宮下麻弓さん

天然石に魅せられ、2010年にhorieeeとしてビーズワークや刺しゅうを使ったアクセサリーの製作をスタート。現在、イベント出展やワークショップの企画を中心に活動。
http://horieee.com

子どものTシャツは、幼稚園でバッジをつけるので、いつも胸のところに穴が……。ミスミさんから「またバッジをつけられるように当て布をする」というアイデアをもらい、はぎれを縫いつけてみたら、穴が隠せて補強にもなりました。ソックスは、丈夫にしつつ、やわらかさも残したいと相談したところ「たて糸に毛糸、よこ糸に麻の手編み糸を使ってみては」とのアドバイスがありました。丈夫ではき心地のよい仕上がりに大満足です。

HOW TO MAKE

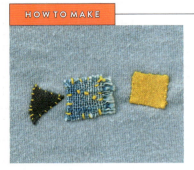

1 布を穴より大きめにカットする。
2 まわりをまつり縫いする。
3 飾りでストレートステッチをする。

繕い方　まつり縫い ▶ P75
　　　　ストレートステッチ ▶ P77

1 毛糸と麻の手編み糸でダーニングをする。最初に毛糸で穴のまわりに四角くランニングステッチをする。
2 たて糸を渡す。
3 麻の手編み糸にかえ、よこ糸を通す。
4 糸端を裏で始末する。

繕い方　ダーニング（四角）▶ P22

幼稚園でいつも名札をつけていたためにできてしまった穴。

胸の刺しゅうに合わせた当て布でかわいく

肌ざわりのよい糸でダーニングしましょう

気に入ってはき続けていたら、かかと部分に大きな穴が。

14

お直ししてからまたバッジがつけられるように、当て布をつける提案をしました。お手製のシマウマの刺しゅうと世界観がマッチ。

ざっくり編まれた靴下はダーニングマッシュルームでのお直しがぴったり。白ベースのダーニングと靴下との雰囲気が合って素敵。

穴あきやシミも、お繕いの方法を知れば「愉しみ」へと変わる

1年ちょっと前に、初の著者本となる『繕う暮らし』を出したあと、いろいろなご縁で、お繕いのワークショップを開催する機会が多くなりました。ワークショップには、みなさんに洋服や靴下を持参してもらうのですが、ご自分のものはもちろん、お子さんやご主人のものを持参する方も多くいます。

まずはひと通りみなさんが持参したものの状態を見て、お繕いの方法を考えていきます。方法は大きく分けてダーニングマッシュルームを使ったダーニングとニードルパンチの2つです。繕う場所や状態によって方法を決めていくのですが、私はこの時間がいちばん好きです。思わず「いい穴ですね〜」と言ってしまうこともあります（笑）。なかには「かわいく直すと主人が着てくれないので、目立たないようにしたいんです」というお悩みも。ウールのニットやストールならニードルパンチで驚くほど目立たなく仕上げることが可能です。

穴あきが複数ある場合は、すべて目立たせると収拾がつかなくなるので、アイキャッチ的な「おいしい」部分を作って、あとは目立たないお繕いをすることもあります。お繕いにはバランスが重要で、また着たくなるかどうかは、そのバランスにかかっていると思います。

なじみが悪いときは、ステッチを足してお繕い同士に物語のような関連性を作ることも。たとえば、お皿のデザインが最終的にお料理を盛りつけて完成するように、お繕いも最後に身につけることで完成する、少し余白を残しておくことがコツなのかもしれません。

穴やほころびまで愛おしい（笑）

お縫いの記録やアイデアを書き留めた「カルテ」。すみっこのカラフルな糸は、縫い終わって針に残った糸を縫いつけたもの。

お繕いを愉しむ

私はお繕いにチェーンステッチをよく使います。ニードルパンチでもダーニングでも、仕上がりにもう少しアクセントがほしいとき、なんとなくチェーンステッチを足してみたら輪郭が際立ってとてもかわいくなったからです。

いびつになってしまった輪郭を整えることもできるので、ワークショップで「うまくダーニングができなかった」と悲しんでいる参加者の方に、ステッチを足すことを提案すると、たちまち笑顔になります。

ワークショップでは、なるべく雰囲気を変えずにまた使ってもらえるためにどうするかということを第一に考えます。その一方で、かなり大胆に手を入れたものもあります。虫食いに何色もの原毛でニードルパンチをして水玉模様にしてみたり、シ

ミの上にビーズを刺しゅうして新しい雰囲気をプラスしてみたり。植物模様のステッチが入ったワンピースの穴のお繕いに、ニードルパンチをおすすめしたときは、山吹色のウールで丸くニードルパンチしたところが、まるでお花みたいに。いくつも穴を埋めていくうちにお花畑のようになるのを見て、これからまた穴があいても、この方法で直せば穴があくたびにお花が増えていく、それはなんて素敵なことだろうと思いました。

穴あきやシミはショックなことですが、お繕いの方法を知っていれば「愉しみ」へと変わります。「愉しみ」という言葉にはただ単に楽しいだけではなく、自分で見出す楽しさの意味もあると思います。そんな愉しさをこれからもシェアしていけたらとても嬉しいです。

『繕う暮らし』にも登場した夫のルームシューズ。穴があくたびに繕っているので、退化ではなく、進化が止まりません（笑）。

着なくなったニットをカットし、古くなった鍋つかみを包んで上からニードルパンチ。こま編みで引っかけ用ループを作りました。

1：材料や道具をカゴに入れて収納。ワークショップのときはこのまま持っていき、このまま机の上に出します。大好きなカゴたちに囲まれて幸せ。2：毛糸とダーニングマッシュルームを入れたカゴ。とくにカラシ色の毛糸が好きで、よく使います。3：刺し子の糸、ウールの刺しゅう糸、5番の刺しゅう糸は細かいダーニングに向いています。よりが強いので、ほぐれにくく、たて糸に向いています。4：チャコペンやはさみなど、細長いものをコンパクトにまとめたケースはインドの手仕事によるもの。フォークはダーニングに使います（P21参照）。5：「クロバー」のニッティングスレダー。針穴に通しにくい毛糸を簡単に通せるので、ワークショップにも必ず持っていきます。

PART3 基本の繕い方

ダーニング（丸）

〈材料と道具〉

- ダーニングマッシュルーム（ディー・エム・シー）
- 水性チャコペン（クロバー）
- はさみ
- フォーク
- とじ針
- 毛糸通し（ニッティングスレダー／クロバー）
- アイロン
- 毛糸

1

穴にダーニングマッシュルームをあて、持ち手をにぎる。穴より5〜10mmくらい外側にチャコペンで印をつける。

2

刺し始め

糸をとじ針に通し、ダーニングマッシュルームの傘の端のところから針を入れ、1でつけた印のところに出す。刺し始めの糸を10cmくらい残して糸を引く。

3

1でつけた印の上をランニングステッチする（P74参照）。

4

ひと針すくう

1周したらたて糸をかけ、ランニングステッチした少し外側をひと針すくう。

5

同様に、上から下へ、下から上へとたて糸をかけ、そのつどランニングステッチした少し外側をひと針すくう。たて糸とたて糸の幅は、毛糸1本分が目安。

6

刺し終わり

左側までたて糸をかけたら、最後のひと針はダーニングマッシュルームの傘の端のところに出し、10cmくらい残してカットする。

ヨーロッパの伝統的な衣料修繕テクニック「ダーニング」と
羊毛をニードルでからませてフェルト化させる「ニードルパンチ」。
この2つの方法を覚えれば、ほとんどのお繕いに対応できます。

7
新しい糸をとじ針に通し、ダーニングマッシュルームの傘の端のところから針を入れ、たて糸の中央に針を出す。

8
右から左へたて糸を交互にすくいながらよこ糸を通す。

9
左まで通したら、たて糸の少し外側を下から上にひと針すくう。

10
10の向きを90度回転させ、同様によこ糸を通していく。上まで通したら、たて糸の少し外側を右から左にひと針すくう。

11
8〜10をくり返し、ある程度進んだら、針先やフォークで織り目を整えながら、糸と糸の間を詰めていく。

12
上半分によこ糸が通ったら、最後のひと針はダーニングマッシュルームの傘の端のところから出し、10cm残してカットする。

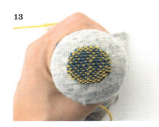

13
同様に、下半分にもよこ糸を通していく。

14
布を裏返し、再度、ダーニングマッシュルームをあてる。刺し始めの糸をとじ針に通し、ランニングステッチの内側を1往復縫う。刺し終わりの糸も同様に処理する。

15
軽くスチームアイロンをあて、織り目を整える。

ダーニング（四角）

1

P20の**1**〜**6**の要領でたて糸をかける。印をつけるときは、穴より5〜10mmくらい外側にチャコペンで四角く印をつける。

2

糸をとじ針に通し、ダーニングマッシュルームの傘の端のところから針を入れ、たて糸の右下に針を出す。

3

右から左へたて糸を交互にすくいながらよこ糸を通す。

4

左まで通したら、たて糸の少し外側を下から上にひと針すくう。

5

4の向きを90度回転させ、下から上によこ糸を通していく。上まで通したら、たて糸の少し外側を右から左にひと針すくう。

6

3〜**5**をくり返し、ある程度進んだら、針先やフォークで織り目を整えながら、糸と糸の間を詰めていく。

7

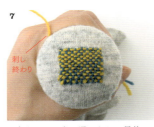

上までよこ糸が通ったら、最後のひと針はダーニングマッシュルームの傘の端のところから出し、10cm残してカットする。

8

布を裏返し、再度、ダーニングマッシュルームをあてる。刺し始めの糸をとじ針に通し、ランニングステッチの内側を1往復縫う。刺し終わりの糸も同様に処理する。

9

軽くスチームアイロンをあて、織り目を整える。

ダーニング（横長）

1

穴より5〜10mmくらい外側にチャコペンで印をつけ、印の上をランニングステッチする（P74参照）。

2

カッティングマットを敷き、P20の**4〜6**の要領でたて糸を通していく。袖のようにカッティングマットが入らない筒状のものは、定規で代用する。

3
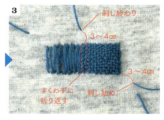

新しい糸をとじ針に通し、ダーニングマッシュルームをあててP21の**7〜12**の要領で右半分によこ糸をかける。

4

4の向きを180度回転させ、同様によこ糸を通していく。

5

左まで通したら、たて糸（**3**ですくわずに折り返した糸）をひと針すくう。

6

5の向きを90度回転させ、下から上へよこ糸を通し、たて糸の少し外側を右から左にひと針すくう。

7

4〜6をくり返し、上までよこ糸を通したら、最後のひと針はダーニングマッシュルームの傘の端のところから出し、10cm残してカットする。

8

布を裏返し、再度、ダーニングマッシュルームをあてる。刺し始めの糸をとじ針に通し、ランニングステッチの内側を1往復縫う。刺し終わりの糸も同様に処理する。

9

軽くスチームアイロンをあて、織り目を整える。

ニードルパンチ

〈材料と道具〉

- 羊毛
- ニードル（フェルトパンチャー替針〈仕上げ針〉／クロバー）
- スポンジ（フェルトパンチャー用スポンジマット／クロバー）
- チャコペン（水性チャコペンツイン／クロバー）

1

スポンジの上に布を置く。模様を描きたいときはチャコペンで印をつける。

2

羊毛の繊維の方向を横にして薄くちぎる。

3

羊毛の繊維の方向を横にして薄くちぎる。

穴の上に薄くちぎった羊毛をのせてニードルで垂直に刺す。刺していくうちに羊毛とスポンジがくっついてしまうので、ときどきスポンジをずらしながら刺していく。

4

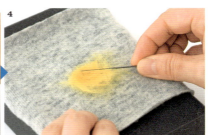

穴のまわりを丸く刺せたら、はみ出した羊毛を針先で中央に集め、さらに刺していく。これを3〜4回くらいくり返し、穴が透けなくなったらできあがり。

アレンジ1　別の素材をくっつける

接着剤代わりにレースの端を留めつける。

余り糸をひとまとめにしてつけることも。

1

布の上にレースや余り糸を重ねてのせる。

2

薄くちぎった羊毛をのせ、P24の**3〜4**の要領でニードルを刺す。

アレンジ2
羊毛をミックスして色を作る

1

違う色の羊毛を合わせ、ちぎってはのせ、またちぎってはのせをくり返し、色をミックスする。

2

P24の要領でニードルパンチをした状態。

アレンジ3
まわりを刺しゅうする

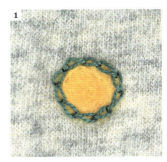

1

P24の要領でニードルパンチをしたら、まわりにチェーンステッチをする（P76参照）。

PART4

目立たないお繕いと
「しるし」になるお繕い

コツコツお金を貯めて買ったもの、
これが一番！とこだわっているもの、
家族からのお下がりや形見……。
そういった大切なものをお預かりし、
それにまつわるストーリーを聞きながら、
思いを込めてお繕いしました。

目立たないお繕い

「できるだけ目立たせたくない」という要望に応えて目立たないけど特別感のあるお繕いをご紹介。同系色の糸や羊毛を使い、さりげなくアクセントにしました。

「農作業中、ターバン的に使っていた」という藍染の布。頭に巻いたとき、額にくる部分は跡がつくかもしれないので、裏面にはステッチを入れず、当て布も藍染のやわらかな織地を使いました。

BEFORE

28

HOW TO MAKE

1 よこ糸のほつれた部分を、藍染の糸でダーニングする（よこ糸を通す）。
2 糸端を裏で始末する。
3 穴の裏から布をあてる。
4 藍染の糸でダーニングのまわりをランニングステッチする。

縫い方　ダーニング（四角）▶ P22　ランニングステッチ ▶ P74

「春と秋は、かれこれ10年くらいこれしか着ていない」という『マッキントッシュ』のリネンコート。素敵な雰囲気を壊さないように、刺しゅう糸の色を慎重に選びました。

BEFORE

HOW TO MAKE

1 小さい穴は刺しゅう糸1本どりでダーニング（四角）をする。大きい穴は刺しゅう糸2本どりでダーニング（横長）をする。最初に穴のまわりにランニングステッチをする。
2 たて糸を渡す。
3 よこ糸を通す。
4 ダーニング（横長）は、2〜3をくり返す。
5 糸端を裏で始末する。

縫い方　ダーニング（四角）● P22　ダーニング（横長）● P23

HOW TO MAKE

1 穴の上に薄くちぎった羊毛をのせる。
2 ニードルで丸く刺す。
3 はみ出した羊毛を中央に集めてさらに刺す。
4 2〜3を3〜4回くらいくり返す。

縫い方
ニードルパンチ ● P24

カメラマンという職業柄、アクティブに動くので股下部分が破けやすいのがお悩みだそう。羊毛をミックスして色を作り、なるべく目立たないようにニードルパンチをしました。

白い生地に白い糸でお繕いするのが好き。料理やお菓子作りをなりわいにする彼女の日々が詰まったギャルソンエプロンに、いろいろなステッチを詩のように入れました。

BEFORE

HOW TO MAKE

1. 5番の刺しゅう糸をこま編みで増し目しながら2段まで丸く編む。
2. 綿の手編み糸でくさり編み12目の作り目をし、こま編みを往復8段編み、続けて減らし目しながら往復5段編み、ポケットを作る。
3. 手縫い糸でシミの上に **1** と **2** をまつり縫いする。
4. 綿の手編み糸でシミのあるところにストレートステッチをする。
5. 刺しゅう糸を2本どりで針に通し、チェーンステッチでイニシャルを入れる。

縫い方　くさり編み ▶ P84　こま編み ▶ P85　編み図 ▶ P87
　　　　まつり縫い ▶ P75　ストレートステッチ ▶ P77
　　　　チェーンステッチ ▶ P76

「虫食い穴を見つけて放置してしまっていた」というお母様からのお下がりのカーディガン。羊毛をミックスし、カーディガンの赤と似た色を作ってニードルで刺しました。

HOW TO MAKE（上）

1. 穴の上に薄くちぎった羊毛をのせる。
2. ニードルで丸く刺す。
3. はみ出した羊毛を中央に集めてさらに刺す。
4. 2〜3を3〜4回くらいくり返す。
5. 5番の刺しゅう糸で4のまわりにチェーンステッチをする。

繕い方　ニードルパンチ ▶ P24
　　　　チェーンステッチ ▶ P76

HOW TO MAKE（下）

1. 毛糸でくさり編み12目の作り目をし、こま編みを減らし目しながら往復8段編み、三角形のモチーフを作る。
2. ほつれた部分に1をのせ、手縫い糸でまつり縫いする。

繕い方　くさり編み ▶ P84
　　　　こま編み ▶ P85
　　　　編み図 ▶ P86
　　　　まつり縫い ▶ P75

今は着なくなったけれど、色使いと縁編みのモコモコが好きで捨てられない一枚。裾のほつれに三角モチーフを縫いつけたら、よりかわいくなってまた着たくなりました。

HOW TO MAKE

[袖口]

1 穴の上に薄くちぎった羊毛をのせる。
2 ニードルで丸く刺す。
3 はみ出した羊毛を中央に集めてさらに刺す。
4 2〜3を3〜4回くらいくり返す。
5 刺しゅう糸を2本どりで針に通し、4のまわりをチェーンステッチする。

[ひじ部分]

1 穴の上に薄くちぎった羊毛をのせる。
2 ニードルで十字に刺す。
3 はみ出した羊毛を中央に集めてさらに刺す。
4 2〜3を3〜4回くらいくり返す。

縫い方　ニードルパンチ ▶ P24
　　　　チェーンステッチ ▶ P76

細長い穴に合わせて、クロス柄にニードルパンチをしました。大きめのお繕いは同系色でさりげなく、小さめのお繕いはポイントになるようなステッチを入れるのが私の定番。

BEFORE

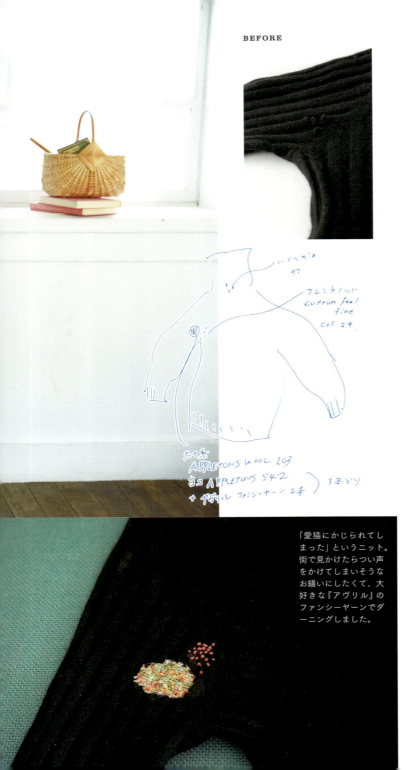

「しるし」になるお繕い

ほころびやシミをなかったことにするのではなく、いつかのあの日を思い出させてくれる。そんな「しるし」のようなお繕いをご紹介します。

「愛猫にかじられてしまった」というニット。街で見かけたらつい声をかけてしまいそうなお繕いにしたくて、大好きな『アヴリル』のファンシーヤーンでダーニングしました。

36

HOW TO MAKE

1. 毛糸とファンシーヤーンでダーニングをする。最初に毛糸で穴のまわりにランニングステッチをする。
2. たて糸を渡す。
3. ファンシーヤーンにかえ、よこ糸を通す。
4. 糸端を裏で始末する。
5. 刺しゅう糸を2本どりで針に通し、ダーニングの横にフレンチノットステッチをする。

繕い方　ダーニング（丸）▶ P20-21　フレンチノットステッチ ▶ P77

BEFORE

「出かけるとき、いつもバッグに忍ばせている」というストール。あいてしまった穴から元気よく伸びるツタをイメージしてお繕いしました。ツタのモチーフは取り外しが可能。

HOW TO MAKE

1 刺しゅう糸を2本どりで刺しゅう針に通し、穴に巻きかがりをする。
2 糸端を輪にして立ち上がりのくさり編み1目とこま編み7目を編み入れ、輪にする。
3 くさり編み5目を編み、モチーフを編む。
4 3をくり返し、端にくさり編み8目を編んで輪にする。
5 1に4を通す。

縫い方 巻きかがり ▶ P76　くさり編み ▶ P84　こま編み ▶ P85　編み図 ▶ P87

BEFORE

HOW TO MAKE

1 穴の上に薄くちぎった羊毛をのせる。
2 ニードルで丸く刺す。
3 はみ出した羊毛を中央に集めてさらに刺す。
4 2〜3を3〜4回くらいくり返す。
5 刺しゅう糸を2本どりで針に通し、まわりにストレートステッチをする。

繕い方　ニードルパンチ ▶ P24
　　　　ストレートステッチ ▶ P77

「体の一部みたいによく着ている」というカシミアのカーディガン。羊毛をミックスして目立たないようにニードルパンチをしたあと、ぐっと目を引くような色を足しました。

ポンポンの作り方

1

フォークに刺しゅう糸を40回巻きつける。巻き終わったら糸をカットする。

2

新しい刺しゅう糸を**1**の中央にしっかり固結びにする。

3

フォークからはずし、糸の輪になった部分にはさみを入れてカットする。

4

手で形を整え、はさみで丸くカットする。

「ストーブに近づきすぎて焦げた」という裾に、インドのブロックプリントのはぎれを三角形に縫いつけました。てっぺんにはポンポンをつけて、後ろ姿にも楽しい雰囲気をプラス。

HOW TO MAKE

1 三角形にカットした布で裾をはさみ、まわりを5mmくらい裏側に折り込み、ミシン糸でまつり縫いする。
2 刺しゅう糸を2本どりで針に通し、ストレートステッチをする。
3 上の「ポンポンの作り方」の要領でポンポンを作り、ミシン糸で縫いつける。

縫い方　パッチワーク＋刺しゅう ▶ P58　まつり縫い ▶ P75
　　　　ストレートステッチ ▶ P77

「子どもたちがおもちゃで遊んでいて端が破けた」というキリム。思い出とともにお繕いしたかったので、欠けた部分は素直にそのまま糸で巻きかがり、穴はダーニングしました。

HOW TO MAKE

1 穴のあいた部分を4カ所に分けて綿の手縫い糸と毛糸でダーニングをする。
   最初に綿の手縫い糸で穴のまわりにランニングステッチをする。
2 たて糸を渡す。
3 よこ糸を通す。
4 2〜3をくり返す。
5 糸端を裏で始末する。
6 毛糸でカーペットのふちのほつれた部分を巻きかがりにする。
7 刺しゅう糸にかえ、ところどころ上から巻きかがる。

繕い方
ダーニング（横長）▶ P23
巻きかがり ▶ P76

全体的に擦れがあり、ところどころ白っぽくなったシルクのシャツ。目立つところはこま編みのポケットやレースのモチーフを縫いつけ、ほかはランダムにステッチを入れました。

HOW TO MAKE

1. 綿の手編み糸でくさり編み12目の作り目をし、こま編みを往復8段編み、続けて減らし目しながら往復5段編み、ポケットを作る。
2. ミシン糸で擦れの目立つところに1をまつり縫いする。
3. レースの生地やリボンの葉のモチーフを切り取り、擦れの目立つところにまつり縫いする。
4. グラデーションの刺しゅう糸を2本どりで針に通し、ランダムにストレートステッチをする。

繕い方　くさり編み ▶ P84
　　　　こま編み ▶ P85
　　　　編み図 ▶ P87
　　　　まつり縫い ▶ P75
　　　　ストレートステッチ ▶ P77

42

薄手のニットは、引っかけると穴があいてつれてしまいます。このニットも袖がつれていたので、細長くたて糸をかけ、4回に分けてダーニング。その度に糸の色をかえました。

HOW TO MAKE

1 つれた部分を4カ所に分け、刺しゅう糸4本どりでダーニングをする。最初に穴のまわりにランニングステッチをする。
2 たて糸を渡す。
3 よこ糸を通す。
4 2〜3をくり返す。
5 糸端を裏で始末する。

繕い方　ダーニング（横長）▶ P23

BEFORE

このニットを受け取ったとき、穴の箇所がわかるように青い丸シールが貼られていて、それがお繕いのヒントに。また虫に食われても、このドットが増えるなら悪くないかも。

HOW TO MAKE

1 穴の上に薄くちぎった羊毛をのせる。
2 ニードルで丸く刺す。
3 はみ出した羊毛を中央に集めてさらに刺す。
4 2〜3を3〜4回くらいくり返す。

繕い方　ニードルパンチ ▶ P24

インパクトのある犬の刺しゅうがあるので、じゃませずに引き立てるようなお繕いを考えました。とっておいた天然石ビーズのことを思い出し、合わせてみたらぴったりでした。

HOW TO MAKE（左）

1 シミの上にビーズを仮置きして、配置を決める。
2 ミシン糸を2本どりで針に通し、シミの上に竹ビーズ→天然石ビーズ→シードビーズの順に縫いつける。

HOW TO MAKE（下）

1 穴の上に薄くちぎった羊毛をのせる。
2 ニードルで丸く刺す。
3 はみ出した羊毛を中央に集めてさらに刺す。
4 2〜3を3〜4回くらいくり返す。
5 刺しゅう糸を2本どりで針に通し、まわりにストレートステッチをする。

繕い方　ニードルパンチ ▶ P24
　　　　ストレートステッチ ▶ P77

「虫食い穴に気づいたものの、どうすることもできなかった」というニット。ニードルパンチしたのは2カ所。実際、穴は1カ所で、2つの丸をステッチでつなぎました。

44

「取れてしまいそうで着られなかった」という袖は、横長のダーニングを6回に分けて。生地が薄くなった肘や裾の部分は、かぎ針で大きめのパッチを編んで当てました。

HOW TO MAKE

1 綿の手編み糸でくさり編み14目の作り目をし、こま編みを往復4段編む。
2 綿の手編み糸でくさり編み14目の作り目をし、こま編みを往復5段編む。
3 綿の手編み糸でくさり編み14目の作り目をし、こま編みを往復18段編む。
4 1は裾、2と3は袖に、それぞれ手縫い糸でまつり縫いする。
5 袖の破けた部分を5カ所に分けて綿の手編み糸でダーニングをする。最初に穴のまわりにランニングステッチをする。
6 たて糸を渡す。
7 よこ糸を通す。
8 6〜7をくり返す。
9 糸端を裏で始末する。
10 袖口のほつれた部分に合わせて布をカットする。
11 10を袖口にはさみ、まわりを5mmくらい裏側に折り込み、ミシン糸でまつり縫いする。
12 太めの木綿糸で飾りのストレートステッチをする。

BEFORE

縫い方
くさり編み ▶ P84
こま編み ▶ P85
まつり縫い ▶ P75
ダーニング（横長）▶ P23
ストレートステッチ ▶ P77

HOW TO MAKE

1 グラデーションの刺しゅう糸を1本どりで、変色した部分に三角形のサテンステッチをする。
2 あと2つ同様に三角形のサテンステッチをする。

縫い方 サテンステッチ ▶ P78

部分的に色が抜けてしまったスカート。ふと山が3つ頭に浮かんだので三角形をステッチ。色が抜けた部分は残っているのに、チラッと見えても意外と違和感がないのが不思議。

HOW TO MAKE

1. 毛糸でダーニングをする。最初に穴のまわりにランニングステッチをする。
2. たて糸を渡す。
3. よこ糸を通す。
4. 糸端を裏で始末する。
5. 刺しゅう糸を2本どりで針に通し、ダーニングのまわりにチェーンステッチをする。

繕い方　ダーニング（丸） ▶ P20-21
　　　　チェーンステッチ ▶ P76

マスタードイエローは私も好きなので、楽しい色合わせに。部屋で着ているとのことだったので、鏡の前でのふとした動作でチラ見えするようにかわいいお繕いを狙いました。

羊毛をミックスしてお繕いが目立たないようにニードルパンチ。どこかに「しるし」を残したくて、最後に1つだけ、穴を黒猫に見立てて目立たせてしまいました。

BEFORE

ひげのつけ方

HOW TO MAKE

1 左側の穴の上に薄くちぎった羊毛をのせる。
2 ニードルで丸く刺す。
3 はみ出した羊毛を中央に集めてさらに刺す。
4 2〜3を3〜4回くらいくり返す。
5 右側の穴に薄くちぎった羊毛をのせ、ニードルで猫の形に刺す。
6 3〜4と同様に仕上げる。
7 刺しゅう糸を1本どりで針に通し、猫の目と鼻をサテンステッチする。
8 太めの木綿糸を針に通し、猫のひげをつける（左のひげのつけ方参照）。

縫い方　ニードルパンチ ▶ P24　サテンステッチ ▶ P78

48

破れた部分が猫の手もとだったので、毛糸玉をイメージした丸いパッチでお繕い。猫の表情を見ていたら、まだ何かほしそうだったので、視線の先にピンクの毛糸玉を足しました。

HOW TO MAKE

1. 太めの木綿糸（ピンク）をこま編みで増し目しながら2段まで丸く編む。
2. 5番の刺しゅう糸（グリーン）をこま編みで増し目しながら2段まで丸く編む。
3. 1を襟にミシン糸でまつり縫いする。
4. 2を肩の穴があいた部分にミシン糸でまつり縫いする。
5. 4の下に、同じ糸をコーチングステッチする。

縫い方
こま編み ▶ P85
まつり縫い ▶ P75
編み図 ▶ P86
コーチングステッチ ▶ P79

BEFORE

BEFORE

パリのクリニャンクールで見つけた思い出のものだそうなので、そのままの雰囲気でお繕い。まつり縫いでほつれをつなぎ合わせてから、ヘリンボーンステッチを入れました。

HOW TO MAKE

1. ほつれたレースをミシン糸でまつり縫いしてつなぎ合わせる。
2. 25番の刺しゅう糸を4本どりでヘリンボーンステッチをする。

縫い方
まつり縫い ▶ P75
ヘリンボーンステッチ ▶ P80

BEFORE

「スマホをお尻のポケットに入れる癖であいてしまった」という穴。スタイルのいい彼女なら、着こなしてくれるだろうと期待を込めて、穴からリボンやメッセージを出してみました。

HOW TO MAKE

1 太い木綿糸を使い、バックステッチで綾テープに文字を刺しゅうする。
2 1、裂いた布、リボン、ファンシーヤーンを1つにまとめ、ポケットの穴に差し込む。
3 刺しゅう糸を2本どりで針に通し、ストレートステッチで2を縫いつける。

縫い方
バックステッチ ▶ P74
ストレートステッチ ▶ P77

BEFORE

もともとダメージ加工されたデザインだったものの、はいているうちに穴が大きくなってしまったデニムパンツ。当て布の色に合わせて、青い糸でダーニングしました。

HOW TO MAKE

1 綿の手編み糸でダーニングをする。最初に穴のまわりにランニングステッチをする。
2 たて糸を渡す。
3 よこ糸を通す。
4 糸端を裏で始末する。

縫い方
ダーニング（四角） ▶ P22

HOW TO MAKE

1. ミシン糸を使い、布を半返し縫いではぎ合わせて持ち手の長さにする。布の幅は、持ち手の幅×2.5くらい。
2. **1**で持ち手を包み、布端を5mmくらい内側に折り込んでまつり縫いをする。
3. 刺しゅう糸を6本どりで針に通し、ランダムにストレートステッチをする。
4. 刺しゅう糸の色をかえ、もう片方の持ち手の中央にクロスステッチをする。

縫い方　半返し縫い ▶ P75
　　　　　まつり縫い ▶ P75
　　　　　ストレートステッチ ▶ P77
　　　　　クロスステッチ ▶ P79

持ち手がボロボロになってしまった『マリメッコ』のバッグ。『マリメッコ』のはぎれを持っていたので、パッチワークしてから持ち手を包んでステッチを入れました。

目立った汚れはなかったけれど、フックにかけたときに何かポイントがあるとかわいいと思い、5番の刺しゅう糸できっちりダーニング。真ん中は、木綿糸でひたすらちくちく。

お菓子のプロが使い込んだキッチンクロス。大きなシミは麻糸で丸くダーニング。光に透かすとところどころ透けて見えたので、ストレートステッチをプラスしました。

HOW TO MAKE

1 麻の手編み糸でダーニングをする。最初に穴のまわりにランニングステッチをする。
2 たて糸を渡す。
3 よこ糸を通す。
4 糸端を裏で始末する。
5 刺しゅう糸を2本どりで針に通し、ストレートステッチをする。

繕い方
ダーニング（丸）▶ P20-21
ストレートステッチ ▶ P77

HOW TO MAKE

1 5番の刺しゅう糸でダーニングをする。最初に穴のまわりにランニングステッチをする。
2 たて糸を渡す。
3 よこ糸を通す。
4 糸端を裏で始末する。
5 木綿糸でストレートステッチをする。
6 中央部分はクロスするように、縦横にストレートステッチをする。

繕い方
ダーニング（四角）▶ P22
ストレートステッチ ▶ P77

BEFORE

HOW TO MAKE

［上］

1 麻の手編み糸でダーニングをする。最初に穴のまわりにランニングステッチをする。
2 たて糸を渡す。
3 よこ糸を通す。
4 糸端を裏で始末する。
5 布を穴の大きさに合わせて丸と四角形にカットする。
6 刺しゅう糸を2本どりで針に通し、5をバッグ口にはさみ、ランダムにストレートステッチをする。
7 刺しゅう糸の色をかえ、破けた部分にヘリンボーンステッチをする。
8 飾りでボタンをつける。

［下］

1 毛糸でくさり編み20目の作り目をし、こま編みを往復10段編んで四角いモチーフを作る。
2 ほつれた部分に1をのせ、ミシン糸でまつり縫いする。
3 アンティークレースをポケットのフラップに見立ててカットする。
4 木綿糸を使い、3をチェーンステッチで2の上に縫いつける。
5 5番の刺しゅう糸で底の部分にヘリンボーンステッチをする。

「子育て中に笑ったり泣いたりしたことを思い出す」というバッグ。かなり大きくお繕いをしたけれど、もとの色やトーンを合わせることで、雰囲気を壊さないようにしました。

縫い方
ダーニング（丸）▶ P20-21　パッチワーク＋刺しゅう ▶ P58
ストレートステッチ ▶ P77　ヘリンボーンステッチ ▶ P80
くさり編み ▶ P84　こま編み ▶ P85
まつり縫い ▶ P75　チェーンステッチ ▶ P76

HOW TO MAKE

1. いらなくなったカットソーの裾をテープ状に切り取る。
2. 毛糸でくさり編み22目の作り目をし、こま編みを往復2段編んで横長のモチーフを作る。
3. ミシン糸で**2**を**1**にまつり縫いする。
4. **3**にはぎれや余った糸などをのせ、薄くちぎった羊毛をのせる。
5. ニードルで刺して固定する。
6. 飾りでところどころにビーズを縫いつける。
7. **6**をミシン糸でバッグの持ち手に縫いつける。
8. 刺しゅう糸を2本どりで針に通し、バッグ口のふちにクロスステッチをする。

繕い方　くさり編み ▶ P84
　　　　こま編み ▶ P85
　　　　まつり縫い ▶ P75
　　　　ニードルパンチ ▶ P24
　　　　クロスステッチ ▶ P79

BEFORE

切り取ったカットソーの裾に、ワークショップや普段の針仕事で余った糸や素材をニードルパンチでつけ、シミがついた持ち手に縫いつけました。右ページのバッグのほつれた糸もリサイクルしています。

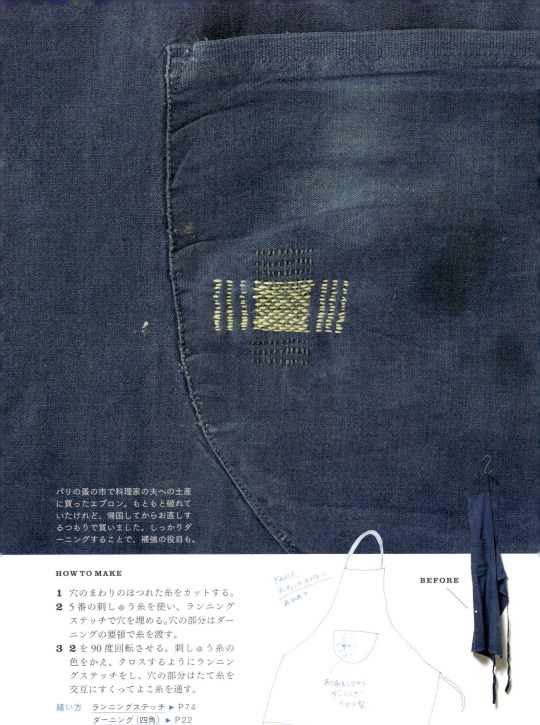

パリの蚤の市で料理家の夫への土産に買ったエプロン。もともと破れていたけれど、帰国してからお直しするつもりで買いました。しっかりダーニングすることで、補強の役目も。

HOW TO MAKE

1. 穴のまわりのほつれた糸をカットする。
2. 5番の刺しゅう糸を使い、ランニングステッチで穴を埋める。穴の部分はダーニングの要領で糸を渡す。
3. 2を90度回転させる。刺しゅう糸の色をかえ、クロスするようにランニングステッチをし、穴の部分はたて糸を交互にすくってよこ糸を通す。

縫い方　ランニングステッチ ▶ P74
　　　　ダーニング（四角）▶ P22

BEFORE

56

HOW TO MAKE

[腕・足（下の穴）]

1 毛糸でダーニングをする。最初に穴のまわりにランニングステッチをする。
2 たて糸を渡す。
3 よこ糸を通す。
4 糸端を裏で始末する。
5 細い毛糸を使い、ダーニングのまわりにチェーンステッチをする。

「娘さんの誕生祝いにお父様から贈られた」というカシミアのぬいぐるみ。よく見ると、あちこちに穴があったので、色も手ざわりもやわらかな糸で、お繕いをしました。

HOW TO MAKE

[目の下・足（上の穴）]

1 毛糸でダーニングをする。最初にたて糸を渡す。
2 よこ糸を通す。
3 糸端を裏で始末する。

繕い方　ダーニング（四角）▶ P22
　　　　チェーンステッチ ▶ P76

PART5

パッチワークとフックドラグのお繕い

> [パッチワーク＋刺しゅう]
>
> 襟ぐりや袖口などのふちにあいた穴やほつれを補修するのに役立つ方法。当て布をしてからステッチするので補強にもなります。

〈材料と道具〉

- 布
- 刺しゅう糸
- 刺しゅう針
- まち針
- はさみ

あえてカラフルな布や糸を使うことで、新品のときよりもっと好きになる。そんなお繕いを集めました。フックドラグは、裂き布でも応用することができます。

布を穴より2まわりくらい大きくカットする。

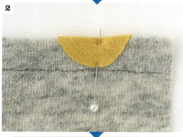

1を半分に折り、穴の部分をはさんでまち針で留める。

刺しゅう糸を2本どりにして針に通し、ランダムにストレートステッチ（P77参照）をする。

58

引っかけて穴があいてしまった襟ぐり。この場所はダーニングやニードルパンチで繕うのが難しいので、パッチを縫いつけて補修。ボーダーに合わせてポップに仕上げました。

パッチワーク

パッチワークとは、さまざまな色、柄、大きさの布をはぎ合わせて1枚の大きな布を作る手法。お繕いでは、当て布として使います。

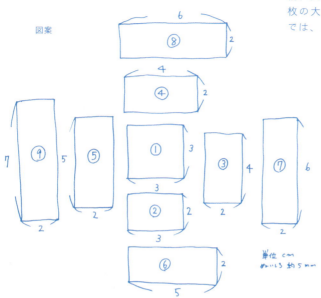

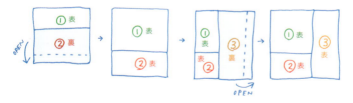

〈 材 料 と 道 具 〉

- 布
- チャコペン
- はさみ
- まち針
- ミシン糸
- 縫い針

1 図案どおりに型紙を作る。布に型紙をのせ、チャコペンで印をつけてからはさみでカットする。

※ここでは①〜⑤の図案を使用。大きくする場合は、同様に⑥〜⑨の図案も使用する。

2 図案の番号の順に、バックステッチ（P74参照）で**1**を縫い合わせていく（上の「縫い合わせ方」参照）。

3 すべて縫い合わせたら、まわりを5mmくらいずつ裏側に折り込み、繕う部分にのせてまち針で留め、まわりをまつり縫い（P75参照）する。

60

「料理中に火が移って燃えてしまった」というシャツ。燃えてなくなってしまった部分は、手織りの生地やインドのブロックプリントなどをパッチワークして足しました。

フックドラグ

もともとは敷物に使われていた手法で、布の織り目にかぎ針を刺し、糸を引っかけて引き出すことによって模様を作っていきます。

〈材料と道具〉
- 布
- チャコペン
- かぎ針
- 毛糸
- 接着芯
- はさみ
- ミシン糸
- 縫い針
- アイロン

1 チャコペンで布に四角く印を描く（P63のように丸くする場合は、ドーナツ型に印を描く）。

2 表からかぎ針を入れる。

3 かぎ針に毛糸を引っかける。

4 引っかけた毛糸を表に引き出し、ループを作る。このとき、次のループを作るときに引っぱられやすいので長めに引き出しておく。

5 最初に作ったループを指で押さえ、少し離れたところにかぎ針を入れ、毛糸を引っかけて表に引き出す。

6 2〜5をくり返し、端までループを作ったら布を180度回転する。

7 6をくり返し、1で描いた印の中を埋めていく。端まですべて埋まったら、裏で糸を2cmくらい残してカットする。

8 フッキングした部分よりひとまわり大きく接着芯をカットし、アイロンで貼りつける。表に返し、布を1cmずつ残してカット。まわりを1cm裏側に折り込んで、繕う部分にのせてまつり縫い（P75参照）をする。

62

別布に丸くフッキングしてから帽子に縫いつけてシミ隠しに。毛糸だけでなく、ファンシーヤーンやリボンなど、質感の違う糸にかえてフッキングすると表情豊かに。

PART6
靴下と手袋を
お繕い

靴との摩擦や洗濯で消耗していく靴下。
穴があいたり、薄くなったりするのは
止められないけれど、捨てるのはもったいない!
ひと手間かけてお繕いをすれば
新品のときとは違う価値が生まれます。
手袋のお繕いにも応用してみてください。

「子どもが成長した今でもかわいくて捨てられない」という小さな靴下。いろいろな色や柄がミックスされているので、不思議とカラフルなお繕いがなじんで見えます。

たて糸とよこ糸の色をかえて、格子柄になるように遊んでみました。大きなかかとの穴のお繕いには、やはり丸いダーニングが合うので、あえて目立たせました。

HOW TO MAKE（右）

1 毛糸でダーニングをする。最初に穴のまわりにランニングステッチをする。
2 3針ごとに毛糸の色をかえながらたて糸を渡す。
3 チェック柄になるように、3針ごとに毛糸の糸をかえながらよこ糸を通す。
4 糸端を裏で始末する。

繕い方　ダーニング（丸）　▶ P20-21

HOW TO MAKE（左）

1 毛糸でダーニングをする。最初に穴のまわりにランニングステッチをする。
2 たて糸を渡す。
3 よこ糸を半分通したら、糸の色をかえて残りの半分にもよこ糸を通す。
4 糸端を裏で始末する。

繕い方　ダーニング（丸）　▶ P20-21

HOW TO MAKE

1 刺し子糸をこま編みで増し目しながら3段まで丸く編む。
2 糸の色をかえ、同じものをもう1つ編む。
3 1つはかかと、もう1つはつま先に手縫い糸でまつり縫いする。

繕い方　こま編み ▶ P85　編み図 ▶ P86　まつり縫い ▶ P75

「ちょうどいいフィット感でよくはいていた」という靴下。穴あきがまだ小さかったので、こま編みのパッチでお直ししました。刺し子糸を使っていて、やわらかな仕上がりです。

HOW TO MAKE

1. 綿の手編み糸と毛糸でダーニングをする。最初に綿の手編み糸で穴のまわりにランニングステッチをする。
2. たて糸を渡す。
3. 毛糸にかえ、よこ糸を通す。
4. 糸端を裏で始末する。

繕い方　ダーニング（丸）▶ P20-21

かなりはき込まれているようだったので、綿の糸とウールの糸を使ってしっかりダーニング。「とにかく暖かくて手放せない」という靴下ですが、これでまだまだ使えそうです。

「サイズがぴったりすぎて突き破ってしまった」という手袋。マッシュルーム代わりにスプーンを使おうと思いましたが、どれも合わず、手にはめてダーニングしました。

自転車のギアを操作するうちにあいてしまった穴。指先が広がらないようにティースプーンを入れてダーニングしました。できあがったら、なぜか南米大陸のような形に（笑）。

HOW TO MAKE（左）

1. 毛糸でダーニングをする。最初に穴のまわりにランニングステッチをする。
2. たて糸を渡す。
3. よこ糸を通す。
4. 糸端を裏で始末する。

繕い方　ダーニング（丸）▶ P20-21

HOW TO MAKE（右）

1. 毛糸でダーニングをする。最初に穴のまわりにランニングステッチをする。
2. たて糸を渡す。
3. よこ糸を通す。
4. 糸端を裏で始末する。

繕い方　ダーニング（丸）▶ P20-21

グラデーションの毛糸を使ってかかとの大きな穴をダーニングしました。グラデーションの毛糸を使えば、たてとよこの糸をかえなくても表情豊かに仕上がります。

靴下の色に合わせて、赤い毛糸と青の麻糸でダーニングしました。ダーニングは丸くするより四角くするほうが簡単なので、小さめの穴なら四角いほうが手軽でおすすめです。

気づかぬうちにあいていた大きな穴に驚きましたが、ネイビーや黒など、地味な色の靴下こそお繕いできれいに変身します。思うままにたて糸とよこ糸の色をかえてみました。

HOW TO MAKE（左）

1 グラデーションの毛糸でダーニングをする。最初に穴のまわりにランニングステッチをする。
2 たて糸を渡す。
3 よこ糸を通す。
4 糸端を裏で始末する。

縫い方
ダーニング（丸）▶ P20-21

HOW TO MAKE（中）

1 麻の手編み糸と毛糸でダーニングをする。最初に麻の手編み糸で穴のまわりにランニングステッチをする。
2 たて糸を渡す。
3 毛糸にかえ、よこ糸を通す。
4 糸端を裏で始末する。

縫い方
ダーニング（四角）▶ P22

HOW TO MAKE（右）

1 綿の手編み糸と毛糸でダーニングをする。最初に綿の手編み糸で穴のまわりにランニングステッチをする。
2 途中で綿の手編み糸の色をかえながら、たて糸を渡す。
3 途中で毛糸の色をかえながら、よこ糸を通す。
4 糸端を裏で始末する。

縫い方
ダーニング（丸）▶ P20-21

70

靴を履いたとき、見えるか見えないかの位置なので、片方はステッチを入れながらモノトーンに、もう片方は途中で糸の色をかえて、わざと左右違うダーニングをしました。

つま先をダーニングするとゴロゴロすることがあるので、ニードルパンチならまったく違和感なし！チェーンステッチでポイントを入れて、今もヘビーユースしています。

親指の爪が上に向いているせいか、いつも親指のところに穴が。この靴下は、色合わせが気に入って買ったので、目立たないように黒の羊毛を使ってニードルパンチしました。

HOW TO MAKE（中）

1 穴の上に薄くちぎった羊毛をのせる。
2 ニードルで丸く刺す。
3 はみ出した羊毛を中央に集めてさらに刺す。
4 2〜3を3〜4回くらいくり返す。
5 刺しゅう糸を2本どりで針に通し、4のまわりにチェーンステッチをする。

繕い方　ニードルパンチ ▶ P24　チェーンステッチ ▶ P76

HOW TO MAKE（右）

1 穴の上に薄くちぎった羊毛をのせる。
2 ニードルで丸く刺す。
3 はみ出した羊毛を中央に集めてさらに刺す。
4 2〜3を3〜4回くらいくり返す。

繕い方　ニードルパンチ ▶ P24

HOW TO MAKE（左）

1 片方のかかと部分を綿の手編み糸でダーニングする。最初に穴のまわりにランニングステッチをする。
2 たて糸を渡す。
3 よこ糸を通す。
4 糸端を裏で始末する。
5 もう片方のかかと部分は、刺しゅう糸6本どりで針に通し、ランニングステッチで穴を埋める。穴の部分はダーニングの要領で糸を渡す。
6 5を90度回転させる。クロスするようにランニングステッチをし、穴の部分はたて糸を交互にすくってよこ糸を通す。

繕い方　ダーニング（四角）▶ P22

71

何かと活躍したニーハイですが、何年もはいてとうとうつま先に穴が。ニードルパンチとチェーンステッチで色合わせを楽しんだら、どことなくカエルに見えるように（笑）。

『かわいいうえにはき心地がよく。気に入ってたくさんはいていた』という靴下。穴あき部分にパンチングニードルと刺しゅう糸のステッチで新しく黄色のお花を追加しました。

HOW TO MAKE（左）

1 穴の上に薄くちぎった羊毛をのせる。
2 ニードルで丸く刺す。
3 はみ出した羊毛を中央に集めてさらに刺す。
4 2〜3を3〜4回くらいくり返す。
5 刺しゅう糸を2本どりで針に通し、4のまわりにチェーンステッチをする。

縫い方　ニードルパンチ ▶ P24
　　　　チェーンステッチ ▶ P76

HOW TO MAKE（右）

1 穴の上に薄くちぎった羊毛をのせる。
2 ニードルで丸く刺す。
3 はみ出した羊毛を中央に集めてさらに刺す。
4 2〜3を3〜4回くらいくり返す。
5 刺しゅう糸を2本どりで針に通し、4の中央にサテンステッチをする。
6 同じ糸で茎と葉をチェーンステッチする。

縫い方　ニードルパンチ ▶ P24　サテンステッチ ▶ P78
　　　　チェーンステッチ ▶ P76

HOW TO MAKE
繕い方

基本のステッチから
ダーニングマッシュルームを使った繕い方まで
覚えておきたいテクニックをご紹介。
穴やシミの形はまちまちだから
いろいろな色や手法を組み合わせて
傷んだ衣類を楽しくよみがえらせましょう。

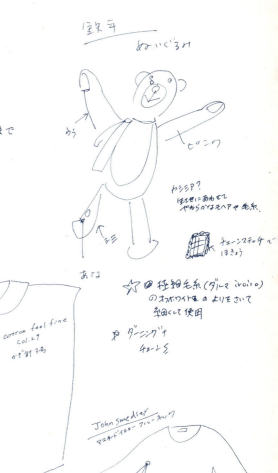

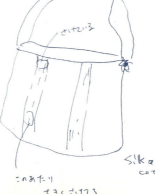

バックステッチ
（本返し縫い）

一度後ろに戻ってから前に針を出して進む、最も基本的な刺し方のひとつ。ミシンで縫ったようなすき間のない縫い目になります。

Page ▶ P10,50,60

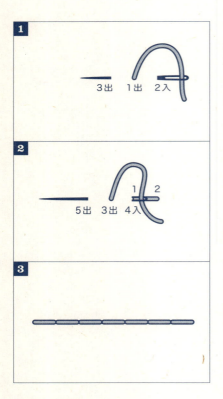

1. 1に針を出し、手前の2に入れ、1から1、2と同じ間隔をあけて3に出す。
2. 4は1と同じ針穴に入れる。1〜2をくり返す。

ランニングステッチ

等間隔で表と裏交互に針目を出しながら進む最も一般的な刺し方。点線のような模様になるのが特徴。輪郭線を刺すときにも使います。

Page ▶ P29,56

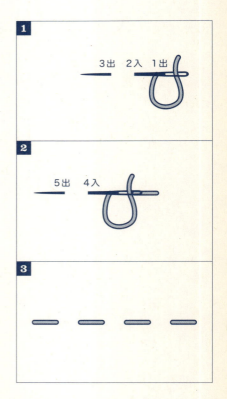

1. 1に針を出し、2に入れ、同じ間隔をあけて3に出す。
2. 4に入れて5に出す。1〜2をくり返す。

まつり縫い
（普通まつり）

スカートやパンツの裾など表に縫い目を出したくないときに使う縫い方。本書ではレースやモチーフを縫いつけるときに使っています。

Page ▶ P14,33,34,40,42,45,49,51,
　　　　54,55,60,62,67

半返し縫い

半針戻しながら縫う半返し縫いは、表目はランニングステッチのような縫い目に。ランニングステッチより丈夫に仕上がります。

Page ▶ P51

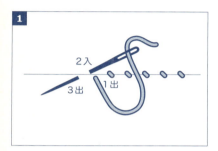

1 1に針を出し、2を少し拾って3に出す。同様にくり返す。

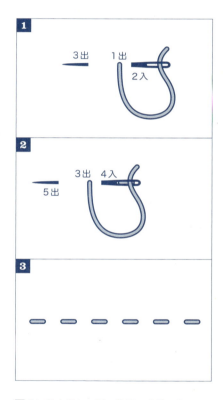

1 1に針を出し、短い針目で手前の2に入れ、1、2の倍の間隔をあけて3に出す。
2 4は1と3の中心に入れ、1〜2をくり返す。

チェーンステッチ

その名のとおりチェーン（くさり）のような縫い目になるのが特徴。線を引くときだけでなく、輪郭を埋めるときにも使います。

Page ▶ P33,34,35,47,54,57,71,72

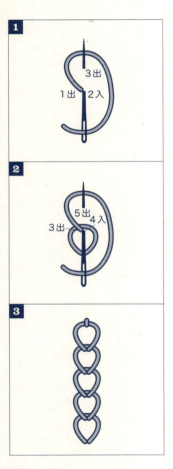

■1 1に針を出し、2は1と同じ針穴に入れる。3に針を出し、糸を左から右へかける。
■2 4は3と同じ針穴に入れる。■1～■2をくり返す。

巻きかがり

布の端をすくって、巻くように針を進めていく縫い方。布を縫い合わせたり、ほつれたところをかがったりするときに使います。

Page ▶ P12,38,41

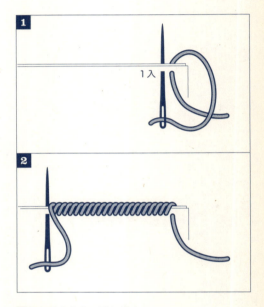

■1 1に針を入れ、裏に出す。
■2 同様にくり返す。

ストレートステッチ

まっすぐの線を刺す基本ステッチ。前に進むランニングステッチに対し、ストレートステッチはひと針ずつ自由に刺していきます。

Page ▶ P8,14,33,39,40,42,44,45,50,51,53,54,58

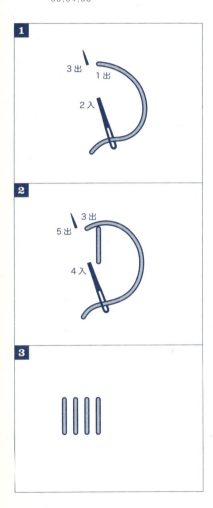

1. 1に針を出し、2に入れて3に出す。
2. 4に針を入れて5に出す。1〜2をくり返す。

フレンチノットステッチ

動物の目や花、木の実や花芯を表現するときに使われるステッチ。糸を巻く回数や糸の本数で大きさを調整することができます。

Page ▶ P8,37

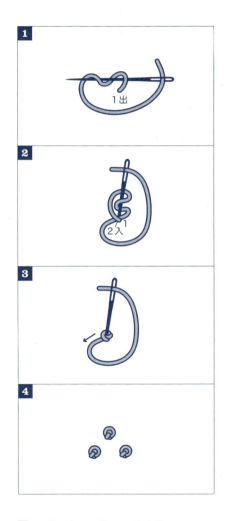

1. 1に針を出し、針に3回糸を巻きつける。
2. 1のすぐそばに針を半分くらい入れる。
3. 手前に糸を引き、布のきわに玉ができるように針を裏に引き抜く。

サテンステッチ

塗り絵のように面を埋めていくステッチ。サテンのようなつやが特徴。下縫いしてからステッチを重ねることで立体感が出せます。

Page ▶ P46,48,72

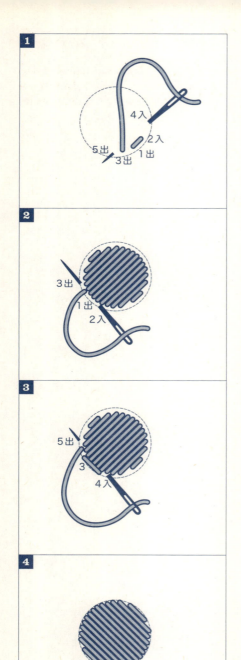

1. 下縫いサテンステッチをする。1に針を出し、2に入れて3に出す。4に針を入れて5に出す。同様にくり返す。
2. 仕上げのサテンステッチをする。1に針を出し、2に入れて3に出す。
3. 4に針を入れて5に出す。2〜3をくり返す。

コーチングステッチ

布の上に土台となる糸をはわせ、垂直に針を刺して別の糸でとめていくステッチ。なめらかな曲線を表現することができます。

Page ▶ P49

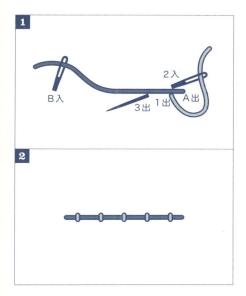

1 図案に合わせてAに糸を出してBに入れる。別の糸を1に出し、2に入れて3に出す。同様にくり返す。

クロスステッチ

布のマス目に「×」印ができるように、糸を交差させて刺していくステッチ。交差する糸が同じ方向になるように刺していきます。

Page ▶ P8,51,55

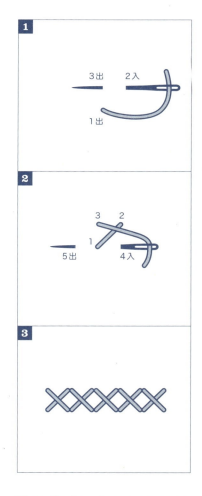

1 1に針を出し、2に入れて3に出す。
2 4に針を入れて5に出す。1～2をくり返す。

[刺し始めと刺し終わりに
玉結びを作らない方法]

刺し始め

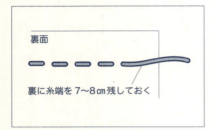

裏に糸端を7～8cm残しておき、刺し終わりの糸の始末が済んでから、糸端を針に通し、刺し終わりと同じように糸を針目にくぐらせてから切る。

刺し終わり

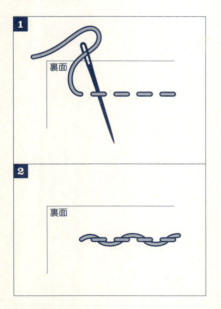

1 裏の針目の糸に4～5回針をくぐらせてから糸を切る。

ヘリンボーンステッチ

ニシンの骨という名前がついたステッチ。まつり縫いより強度があり、ほつれやすい布をしっかり留めるときに使います。

Page ▶ P8,49,54

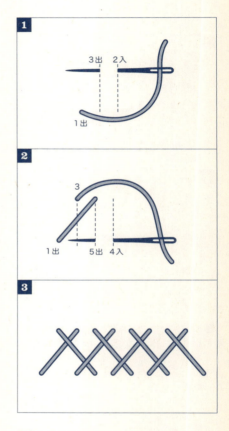

1 1に針を出し、2に入れて3に出す。
2 4に針を入れて5に出す。
3 1～2をくり返す。

80

ダーニング（穴を繕う）

ヨーロッパの伝統的な衣類繕いの手法。ダーニングマッシュルームを使って、織物のようにたて糸とよこ糸をかけ合わせていきます。

Page ▶ P10,12,14,29,30,37,41,43,45,47,50,53,54,56,57,66,68,69,70,71

●輪郭を四角く仕上げる場合

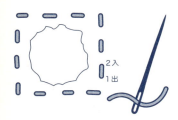

輪郭を四角くステッチしたら、ページ右の②〜③と同様にたて糸とよこ糸を通す。輪郭をかえれば、楕円や長方形にも応用ができる。

●穴が大きい場合

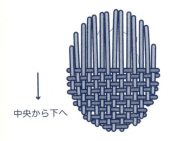

中央から下へ

穴が大きい場合は、中央からスタートし、下へとよこ糸を通す。下まで埋まったら新しい糸にかえ、中央から上へとよこ糸を通していく。

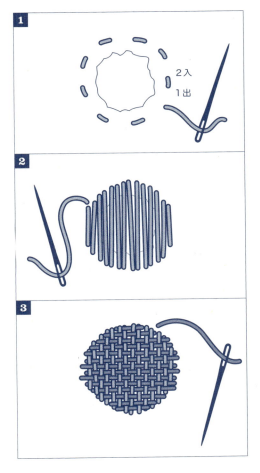

① 穴よりひとまわり大きくランニングステッチをする。
② たて糸を渡す。
③ たて糸を1本ずつ交互にすくい、下から上に向かってよこ糸を通す。

編み方の基本

かぎ針編み

作り目

糸端を輪にして丸く編む方法（2回巻き）

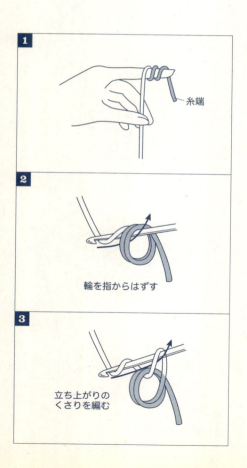

Page ▶ P33,34,38,42,45,
　　　 49,54,55,67

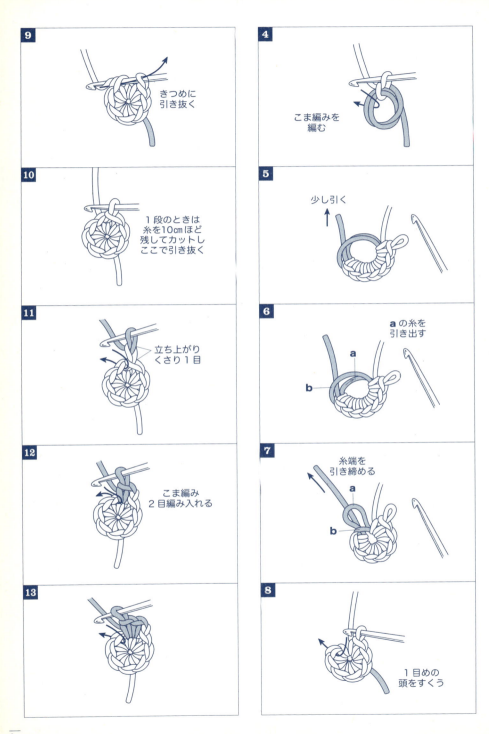

編み目記号

 くさり編み

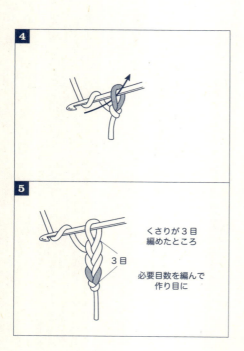

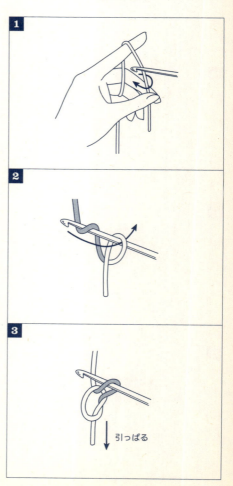

くさりが3目
編めたところ

3目

必要目数を編んで
作り目に

引っぱる

× こま編み

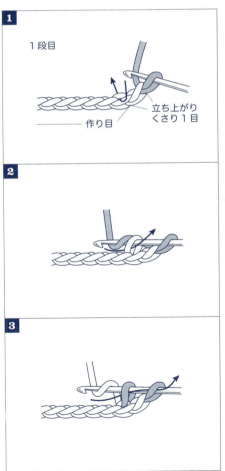

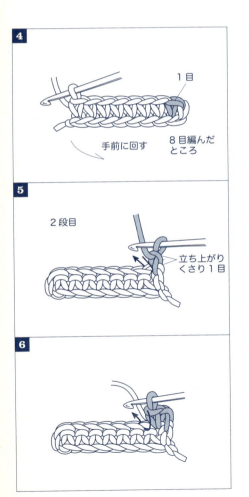

編み図

円

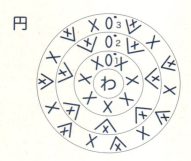

目数表

段	目	増し方
3	21	各段7目増す
2	14	
1	7目編み入れる	

三角

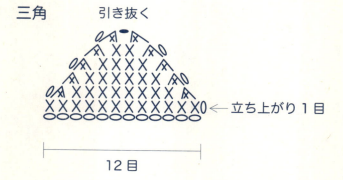

目数表

段	目	減らし方
6	2	各2目減らす
5	4	
4	6	
3	8	
2	10	
1	12	

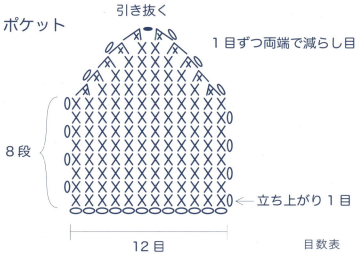

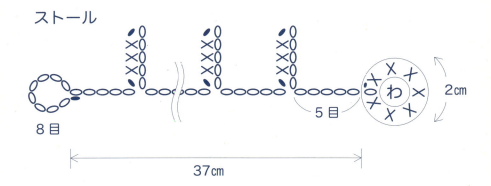

● Profile

ミスミノリコ

ディスプレイデザイナー／暮らしの装飾家

美大にてテキスタイルを専攻した後、株式会社サザビーにて、ウィンドウディスプレイやスタイリングの仕事に携わる。現在は独立し、店舗のディスプレイや雑誌、書籍のスタイリングなど幅広く活躍。ふだんの暮らしに取り入れられる、デコレーションアイデアや手作りの楽しさを発信している。著書に『繕う暮らし』『小さな暮らしのおすそわけ』（主婦と生活社）のほか、共著など多数。各地で個展、ワークショップも行う。

http://room504.jp
instagram：@min_msmi

繕う愉しみ

著者	ミスミノリコ
編集人	石田由美
発行人	永田智之
発行所	株式会社主婦と生活社
	〒104-8357　東京都中央区京橋3-5-7
	http://www.shufu.co.jp/
編集代表	☎03-3563-5361　FAX03-3563-0528
	cottontime@mb.shufu.co.jp
販売代表	☎03-3563-5121
生産代表	☎03-3563-5125
製版所	東京カラーフォト・プロセス株式会社
印刷所	太陽印刷工業株式会社
製本所	株式会社あさひ信栄堂

©NORIKO MISUMI 2018 Printed in Japan

Ⓡ本書を無断で複写複製（電子化を含む）することは、著作権法上の例外を除き、禁じられています。本書をコピーされる場合は、事前に日本複製権センター（JRRC）の許諾を受けてください。また、本書を代行業者等の第三者に依頼してスキャンやデジタル化をすることは、たとえ個人や家庭内の利用であっても一切認められておりません。JRRC（https://jrrc.or.jp/ eメール：jrrc_info@jrrc.or.jp 電話：03-3401-2382）

十分に気をつけながら造本していますが、万一、乱丁、落丁の場合は、お買い求めになった書店か小社生産部へご連絡ください。お取り替えいたします。

※本書掲載作品の複製頒布、および販売はご遠慮ください。

ISBN978-4-391-15216-6

● Staff

企画・編集	鞍田恵子
ブックデザイン	日毛直美
撮影	おくがわじゅんいち
	仁志しおり
	岡 利恵子（本社）
モデル	紗華
イラスト（P6-7）	やがわまき
イラスト（P73-87）	ナガイマサミ
校閲	滄流社
編集担当	大橋早苗

● 資材協力

ディー・エム・シー株式会社
〒101-0035
東京都千代田区神田紺屋町13番地 山東ビル7F
TEL：03-5296-7831（代）　FAX：03-5296-7833
http://www.dmc.com（グローバルサイト）

クロバー株式会社（お客さま係）
〒537-0025
大阪府大阪市東成区中道3-15-5
TEL：06-6978-2277　FAX：06-6978-2201
http://www.clover.co.jp

● Special Thanks

赤城美知子（toricot）／石黒美穂子／株式会社 鳥／木内アキ／きり／斎藤 徹（KHISONOIO?）／阪口美佐／鈴木寿美枝／鈴木鉄平（青果ミコト屋）／鈴木由美（diginner gallery）／高橋美穂子／高原麻美子／高吉洋江（tiroir）／タコベル／玉木美企子／チバヒロミ（une fête）／疋田千里／日高直子／堀口まいこ（KHISONOIO?）／マツーラユタカ／丸瀬和憲／丸瀬由香里／宮下麻弓（horieee）／宮薗なつみ（miyazono spoon）／深山里映／柳澤智子／柳沢小実／八巻由希恵／渡貫淳子